25 Din Mein ~~Paisa Double~~

101 GUIDE ON STOCK MARKET

in

HINGLISH

RANBIR RAY & BIJOY ROY

DEDICATION

This book is for two pillars of my life:

Maa,
Aapka pyaar, dua aur kabhi na hilne wala vishwas—mere har kadam ka strength.
Aapki muskurahat hi meri jeet hai.

Bhai,
Har waqt jo support kiya, motivate kiya, jab sab doubt karte the tab bhi tum saath khade rahe.
Tera bharosa hi meri energy hai.

Aap dono ke bina yeh kitaab sirf ek socha hua khwab hi reh jaata.

Dil se, shukriya. ❤

Contents

Foreword

Stock market ke duniya mein naye log aksar sapne leke aate hain—jaldi paisa banane ka, shortcut dhoondhne ka. Lekin asli game sirf paisa kamaana nahi, apne paisa ko scams aur galat decisions se bachana bhi hai.

Is kitab mein Ajay aur Bijay ke conversations ke through aapko woh sab lessons milenge jo har investor ko pata hone chahiye—scams kaise pehchaane, discipline kaise maintain kare, aur patience ka magic kaise samjhe.

Mujhe pura bharosa hai ki yeh kitaab sirf aapko market ke daav-pench nahi sikhaayegi, balki aapko ek smart aur safe investor banayegi.

Invest wisely, invest safely!

Disclaimer:
This book is for educational and informational purposes only. It does not constitute financial advice or stock recommendations. Readers are advised to do their own research or consult a SEBI-registered advisor before making any investment decisions.

Special Thanks

This book wouldn't be complete without acknowledging someone special.

I want to express my heartfelt gratitude to my brother Bijoy Roy for his invaluable contribution to the **Mutual Funds Ka Magic** chapter.

His insights, knowledge, and time spent reviewing the content made that chapter more practical, relatable, and insightful. Your constant support and inputs have added great value to the book, and I truly appreciate your effort in making it better.

Thank you for always being a part of this journey!

Prologue/Introduction

Stock market ke bare mein sabko ek hi khwab dikhta hai—jaldi paisa double karna. Har dusra banda kisi na kisi shortcut ka follower hai: Telegram tips, YouTube ke fake gurus, ya koi "secret" formula.

Par jo log market mein asli paisa banate hain, woh ek hi mantra follow karte hain—discipline aur patience.

Yeh kitab koi get-rich-quick scheme nahi hai. Yeh ek honest attempt hai aapko un traps aur scams se bachane ka, jo har naye investor ka wait kar rahe hote hain.

Ajay aur Bijay ki masti bhari baaton ke beech jo wisdom chhupi hai, wahi aapka asli weapon banegi.

Meet The Characters

Ajay:

Ajay ek typical retail investor hai jise stock market ka craze hai, lekin sabse badi problem hai—jaldi paisa double karne ka junoon. Kabhi kisi Telegram channel ka signal follow karta hai, kabhi YouTube influencers ke shiny screenshots dekh ke fascinate ho jaata hai.

Emotional decisions leta hai, bina research ke impulsive trades karta hai, aur hamesha short-term mein quick returns ke peeche bhaagta hai. Har baar loss hone par naya shortcut dhoondhne lagta hai. Uske andar seekhne ki kshamata hai, bas patience aur discipline ki kami hai.

Bijay:

Bijay Ajay ka dost aur unofficial financial advisor hai. Thoda samajhdaar, thoda grounded—market ke basics aur long-term investing ko samajhta hai. Wo Ajay ko hamesha samjhata hai ki market mein shortcut nahi, research aur patience hi success ka raasta hai.

Kabhi Ajay ko scams aur fake promises se door rakhta hai, kabhi uska emotional overreaction control karta hai.

Bijay ka mantra simple hai—"Slow and steady, with strategy."

1. Khud Ka Dushman

Ajay: Bijay yaar, finally stock market mein invest kar diya. Ab toh sirf 25 din mein paisa double!

Bijay (hans kar): Bhai, tum stock market mein aaye ho ya kisi Bollywood movie mein? Yeh "25 din mein paisa double" wala dialogue suna-suna lag raha hai.

Ajay: Broker bola tha bhai! Kaha ki is stock mein laga do, rocket ki tarah upar jaayega!

Bijay: Rocket ki tarah jaayega, ya rocket ki tarah phatega? Dekh Ajay, stock market hai, koi Diwali ka rocket nahi ki fuse jalao aur seedha upar. Yeh tumhara greed hai jo tumhe itna confident bana raha hai.

Ajay (udasi se): Kya karein yaar, paisa kaun nahi chahta jaldi double ho jaaye?

Bijay: Haan, paisa sabko pasand hai, lekin yeh greed jab limit cross kar jaata hai, toh yehi greed hamara sabse bada dushman ban jaata hai. Khud ka dushman.

Ajay: Matlab?

Bijay: Matlab simple hai, jab bhi hum jaldi paise ke chakkar mein decisions lete hain, emotions mein aa kar impulsive trades karte hain, toh apni mehnat ka paisa market ko donate kar dete hain. Market tumhare impatience ka sabse bada dushman hai.

Ajay: Lekin Bijay, emotions ko kaise control karun? Market dekhta hoon toh excitement hoti hai.

Bijay: Excitement hona normal hai, lekin uss excitement ko control karna seekho. Discipline aur patience hi successful investors ki sabse badi strength hoti hai. Tumne Warren Buffett ka naam suna hai na?

Ajay: Haan, woh billionaire investor hai.

Bijay: Exactly! Warren Buffett kehta hai, "The stock market is a device for transferring money from the impatient to the patient." Matlab, impatient log apna paisa patient logon ko dete hain.

Ajay: Toh mujhe kya karna chahiye?

Bijay: Sabse pehle, jaldi paise ke chakkar se bahar niklo. Stocks mein invest karo, lekin research ke saath. Kisi ki baaton mein aake impulsively invest mat karo.

Ajay (frustrate hokar):
Bijay bhai, kuch samajh nahi aa raha! Khud invest karne se ek alag he problem hai. Kabhi stock upar jaye toh greed mein aur paisa daal deta hoon... kabhi neeche aaye toh ghabra ke bech deta hoon... akhir main hi har baar loss kyun karta hoon?

Bijay (jaan bujhkhar muskurate huye):
Ajay, asal problem market nahi hai... problem khud tum ho!

Har investor ka sabse bada dushman koi aur nahi, balki khud ka mind-set, emotions aur lack of control hota hai. Chalo, aaj tumhe insaan ke andar chhupe asli villains ke baare mein bataata hoon!

Fundaa #1: Greed - "Aur zyada chahiye!"

Bijay:
Jab stock market achha chal raha hota hai, toh hum greed mein aa jaate hain.
Profit ho raha hai toh aur daal do, stock double ho gaya toh triple ho jaayega...
Lekin greed kabhi control nahi hoti, aur market hamesha up nahi rehta.

Example:
Ajay, socho... Reliance ₹2,000 pe liya, ₹2,400 ho gaya... profit book karna chahiye tha.
Lekin tum wait karte rahe ₹3,000 ka...
Market gira aur tumne apna profit bhi kho baithe!

Golden Rule:
Trade lene se pehle apna profit target aur stop-loss clearly fix karo. Trade lene ke baad discipline se apne plan ko follow karo—na excitement mein aake jaldi exit karo, na greed ke chakkar mein unnecessary risk uthao. Short-term news based volatility se distract hone ke bajaye, apne strategy par focus rakho.

Fundaa #2: Fear - "Sab kuch kho dunga!"

Bijay:
Stock thoda girta hai toh fear trigger ho jaata hai.
Panic mein stock bech dete hain, bina analysis ke.
Fear market ka part hai, lekin decision data pe hona chahiye—not emotions pe.

<u>Example:</u>
March 2020 ka market crash yaad hai?
Jo log fear mein sab bech diye, unhone loss book kiya.
Jo log patience rakhe, unka portfolio recovery ke baad double ho gaya!

Fundaa #3: Impulsiveness - "Bas aaj entry karni hi hai!"

Bijay:
Kabhi kabhi Ajay, social media ya dost log ke kahne par bina soche-samjhe trade kar dete hain—yeh impulsive trading dangerous hai.

Impulse mein koi stock upar jaa raha dekh ke FOMO (Fear of Missing Out) mein entry le lete hain... aur stock wahi se gir jaata hai.

<u>Golden Rule:</u>
Plan ke bina trade mat karo, chahe market kitna bhi exciting lag raha ho.

Fundaa #4: Overconfidence - "Mujhe sab aata hai!"

Bijay:
Ek do trades profit ke mil jaayein, toh logon ko lagta hai ab woh market ke ustaad ban gaye hain.
Yahi overconfidence badi galti karaata hai.

Market humesha unpredictable hai. Market ko lightly lene wale log zyada jaldi apni capital khatam karte hain.

Fundaa #5: Lack of Discipline - "Rules kis liye?"

Bijay:
Professional trader aur amateur trader mein sabse bada difference hai—discipline.
Stop-loss lagana, position sizing follow karna, risk management—yeh sab rules follow karne ka patience hona chahiye.

Lekin Ajay, log ek do baar rule tod ke profit kama lete hain, toh samajhte hain rule ki zarurat hi nahi...
Wahi kabhi na kabhi unka portfolio blow-up kara deta hai!

Fundaa #6: Impatience - "Jaldi paisa chahiye!"

Bijay:
Ajay, stock market koi lottery ticket nahi hai.
Log jaldi paisa kamaane ke chakkar mein chhoti-moti

news pe react karte hain, daily portfolio check karte hain, aur unnecessary trades lete hain.

<u>Successful investing ka mantra:</u>
Patience rakho, quality stocks mein invest karo, aur time ko apne favour mein kaam karne do.

Fundaa #7: Regret - "Kaash maine tab kharida hota..."

Bijay:
Market mein regret sabse toxic emotion hai.

- Dusre ne stock liya, profit hua—hum regret karte hain.
- Apne liya stock - gira, regret karte hain.

Lekin Ajay, market mein second chances hamesha milte hain.
Focus analysis par karo, regret chhodo!

Fundaa #8: Confirmation Bias - "Sirf wahi sunte ho jo tumhe acha lage"

Bijay:
Hum apni position ke favour mein sirf wahi news ya expert advice dhundte hain jo hume comfort de.
Yeh confirmation bias hota hai.

Smart investor apne viewpoint ke against bhi opinions padhta hai—taaki koi blind spot na chhute.

Fundaa #9: Loss Aversion - "Loss dekhna bardasht nahi hota!"

Bijay:
Log loss ko emotionally zyada weightage dete hain.
Chhota loss accept nahi karte, aur stock girte girte portfolio khaali ho jaata hai.

Example:
Stock ₹100 se ₹80 aa gaya, stop-loss pe exit karna tha...
Lekin hope mein hold kiya—aur ₹50 ho gaya!

Final Lesson: Master Yourself Before Mastering Markets

Bijay (serious hokar):
Ajay, market ko control nahi kar sakte...
Lekin apne emotions, greed, fear, impatience ko control kar loge toh market ka asli faida uthaa sakte ho.

Investing sirf analysis nahi, mental discipline ka game hai!

Ajay (motivated):
Bhai, ab samajh aaya—market ka asli dushman main khud hoon.
Aaj se emotions ko side rakhoonga, aur disciplined investor banoonga!

Bijay (muskurate huye): Sahi kaha!
Jab tak apni soch pe control nahi hoga, portfolio ka control bhi nahi hoga!

2. Telegram Scammers

Ajay: Bijay bhai, ek mast Telegram group mila hai! Roz free stock tips dete hain. Maine join kar liya hai, jaldi hi paisa double ho jayega!

Bijay (haste huye):
Arre Ajay, yeh toh classic *scammer ki entry* hai! Aaj main tumhe bataunga ki Telegram aur social media par kaise frauds active hain aur kaise inse bachna hai. Dhyaan se suno!

Fundaa #1: Telegram Scammers Kaise Operate Karte Hai

Bijay:
Pehle yeh samajho ki scammers ka kaam hi yeh hai ki jaldi paisa kamaane ka lalach de kar logo ko phansaayein.

- Fake Profiles: Scammers apne profile pics par reputed investors ke photos ya stock market experts ke naam ka use karte hain.
- Guaranteed Returns: Yeh log promise karte hain ki "sure-shot tips" milengi, paisa double ho jayega, aur koi risk nahi hoga.
- VIP Paid Groups: Tumhe ek "Exclusive Premium Group" ka invitation denge—jahan entry fee maangte hain.

- Fake Screenshots & Testimonials: Profit ke fake screenshots aur dummy reviews share karte hain to look legit.

Fundaa #2: Red Flags se bache

Bijay:

Ajay, agar yeh cheezein dekhe to turant alert ho jao:

Red Flag	Kya Matlab Hai?
Guaranteed Returns	Stock market mein koi guarantee nahi hoti.
Koi SEBI Registration Nahi	Genuine advisors ka SEBI registration hota hai, scammers ke paas nahi hota.
Payment ke liye Pressure	Jaldi paisa transfer karne ka pressure dena.
Personal Info Maangna	Bank details, PAN card, OTP maangna—clear scam.
Fancy Lifestyle Pics	Luxury cars, big profits wale pics dikhake apko fasane ki kosis.

Fundaa #3: SEBI Registration Kyu Matter Karta Hai?

Bijay:
Jo bhi financial advisor genuine hoga, uske paas SEBI ka registration number zarur hoga.
SEBI Registered Investment Advisor (RIA) ka kaam hota hai:

- Ethical aur legal advice dena.
- Regular audits ke under rehna.
- Investor ka interest priority pe rakhna.

Scammer log kabhi apna SEBI number nahi dikhayenge, kyunki woh registered hi nahi hote.

Fundaa #4: Scammers Ka Tricks

Bijay:
Kuch common tricks jo telegram scammers use karte hai:

1. Pump and Dump Schemes:
   Low volume stocks ko promote karte hain - Jaise penny stocks ko. Isme scammers khud pehle stock buy kar lete hain, logo ko tips dete hain aur jab price pump hoti hai (uper jaata hai), tab woh apna stock bech kar exit kar jaate hain, aur retail investors isme phase reh jaate hai.
2. Referral Games:
   Tumse bolenge ki dusre logon ko group mein laao, phir commission dene ka promise karenge. Yeh ek chain game ban jata hai—classic scam.

3. Genuine Advisors Ko Clone Karna:
    Reputed advisors ke naam aur photos ka copy-paste karte hain, jaise ki Warren Buffet ke naam ka group bana ke log ko gumraah karna.

Fundaa #5: Safe Kaise Rahe

Bijay:
Ajay, yeh safety checklist hamesha yaad rakh:

- Kisi ko bhi bina verify kare paisa mat bhejna.
- SEBI website par advisor ka registration number check karo.
- Guaranteed profit, luxury lifestyle wale posts ko ignore karo.
- Telegram, WhatsApp, Instagram jaise platforms pe unsolicited messages pe trust mat karo.
- Financial advice hamesha trusted sources se lo—jaise verified apps, reputed brokers, ya khud research karo.

Ajay (chain ke saans lete huye):
Bhai, aaj toh meri aankhein khul gayi! Ab koi mujhe "100% return" ka lalach de toh main turant block kar dunga!

Bijay (mukurate huye):
Sahi Ajay! Stock market mein paisa kamaana patience aur knowledge se hota hai, shortcuts nahi. Scam ke chakker mein pade toh paisa bhi gaya aur time bhi!

<u>Quick Tip Box:</u>

SEBI Complaints Portal:
Agar tum scam ka shikar ho gaye ho ya kisi suspicious activity ko report karna chahte ho, toh SCORES (https://sebi.scores.gov.in/) par complaint register karo.

---

3. The Course Sellers/Youtube Influencers ka Game

Ajay (confuse ho kar):
Bijay bhai, aaj kal sab jagah stock market ke courses ka flood aaya hua hai. Instagram, YouTube, Telegram—sab jagah koi na koi course bech raha hai. Har koi kehta hai, "Mera course le lo, paisa double!"

Bijay (muskurate huye):
Arre Ajay, welcome to the world of Lifestyle Influencers cum Course Sellers! Chalo, main batata hoon kaise yeh log apna game chalate hain aur tumhe phasane ki koshish karte hain.

Fundaa #1: Lifestyle ka Dikhawa

Bijay:
Sabse pehle yeh log apni zindagi ka lavish version dikhate hain:

- Foreign vacations ke photos.
- Luxury cars ke saath reels.
- Cafe aur penthouse wale setups.

Ajay, yeh sab dikhawa hota hai taaki tum socho ki "Inka course karein toh hum bhi aise jeeyenge!"

Kya tumhe "Phir Hera Pheri" movie ka scene yaad hai jaha Akshay Kumar Rs.1000 Tip deta hai aur paise rakhkar bethta hai Rajpal Yadav ko impress karne ke liye.

Ussi tarah sab tumhe vi fasane ki kosis karte hai jaldi paisa double karne ki lalach mein.

Reality:
Zyada tar cases mein paisa course bech kar aata hai, trading/investing se nahi.

Fundaa #2: Profit Screenshots ka Khel

Bijay:
Fir aata hai sabse bada weapon—Fake ya selective profit screenshots.

- Sirf successful trades ke screenshots dikhaye jaate hain.
- Losses ka koi zikr nahi.
- Kabhi kabhi demo ya edited screenshots bhi hote hain.

Ajay, real trader losses bhi dikhata hai, kyunki losses book karna market ka part hai.

Fundaa #3: Urgency aur FOMO create karna

Bijay:
"Course sirf 3 din ke liye! Discount khatam ho raha hai! 50 students already enrolled!"

Yeh sab marketing tactics hoti hain taaki tum bina soche-samjhe jaldi decision lo.

<u>Golden Rule:</u>
Agar koi bhi tumhe pressure de decision lene ka— samjho RED FLAG!

Fundaa #4: No Proof of Consistency

Bijay:
Ajay, asli trader ya investor ki credibility kaise pata chalegi?

- Kya uska ek long-term audited track record hai?
- Kya woh verified P&L statement share karta hai?
- Kya woh losses openly discuss karta hai?

Zyada tar course sellers in cheezon ka jawab nahi dete. Bas dikhawa aur hype mein busy hote hain.

Fundaa #5: Content ka Quality

Bijay:
Ajay, asli knowledge free bhi milta hai—YouTube, books, reputed financial websites.

Course bechne wale log basic cheezein ek glittery package mein chipka ke ₹10,000-₹50,000 ke price tag laga dete hain.

Toh Smart Investor kya kare?

1. Pehle khud free resources se basics seekho.
2. Agar course lena chaho to kisi bhi course ka content aur instructor ka background properly check karo.
3. Hamesha reviews ko unbiased tarike se dekho.

<u>Final Lesson: Seekho, Par Samajh Ke</u>

Bijay (serious hokar):
Seekhna galat nahi hai Ajay, lekin har shiny package genuine nahi hota. Apna paisa aur time tabhi lagao jab tumhe clarity ho ki content valuable hai, not just flashy.

Ajay (chain ke saans lete huye):
Samajh gaya bhai! Ab sirf Instagram ke fancy reels dekh ke course nahi lunga. Pehle research karunga, phir decision lunga.

Bijay (muskurate huye):
Yeh hui na samajdari ki baat! Knowledge mein invest karo, lekin dikhawa dekh ke nahi—data aur logic dekh ke!

4. Whatsapp University

Ajay: Bijay bhai, WhatsApp pe ek solid insider news mili hai! Sarkar ka secret project leak hua hai, ek stock ka price jaldi hi rocket ho jayega!

Bijay (hans kar): Ajay, kya tum ab WhatsApp University se graduation kar rahe ho? Yeh kaisa secret hai jo WhatsApp pe public ho gaya?

Ajay (excited): Arre bhai, message mein toh clearly likha hai ki yeh khabar confidential hai. Sirf kuch special logon ko pata hai!

Bijay: Ajay bhai, tumhe nahi lagta ki agar yeh itna secret hai toh WhatsApp pe public message bankar circulate kyun ho raha hai? Tum seriously WhatsApp messages pe paisa lagane ki soch rahe ho?

Ajay: Lekin Bijay, us message mein logon ke naam bhi hain jo already profit kar chuke hain.

Bijay: Bhai, yeh sab screenshots fake bhi ho sakte hain. Aur waise bhi, yeh messages intentionally spread kiye jaate hain taaki tum jaise investors emotional ho jao aur bina soch-samjhe invest kar do.

Ajay: Matlab log jhooth bol rahe hain?

Bijay: Bilkul! WhatsApp pe spread hone wali 90% investment tips ya toh fake hoti hain ya phir purani khabrein hoti hain jo ab kisi kaam ki nahi hoti. Yeh log sirf tumhare greed aur emotions ka fayda uthate hain.

Ajay (pareshaan): Yar, lekin mujhe toh laga ye genuine tip hai!

Bijay: Yeh genuine tip nahi, WhatsApp scam hai. Yeh fake insiders aur scammers, tumhare emotions ko trigger karne wale messages create karte hain, jisme wo bolte hain ki ye tip sirf limited logo ko mili hai. Tumhe lagta hai ki tum special ho aur jaldi se invest kar dete ho.

Ajay: Isko verify kaise karoon?

Bijay: Simple hai Ajay, koi bhi aisa message jo "secret insider information" claim kare, usko seriously mat lo. Agar koi genuine news hai toh woh credible financial news sources pe available hogi, na ki WhatsApp pe anonymous messages mein.

Ajay: Aur kya dhyaan rakhoon?

Bijay: WhatsApp ya social media par kisi bhi anonymous message mein investment mat karo. Hamesha trusted news sources, official announcements, ya phir credible market analysts ki advice lo. Agar koi news genuine hai toh officially confirm ho jayegi, tumhare WhatsApp message mein nahi.

Ajay: Matlab WhatsApp se dur rahoon?

Bijay: WhatsApp pe jo bhi market related "breaking news" aaye, usko confirm karne ki aadat daalo. Kuch log market ko manipulate karne ke liye bhi aisi fake news failate hain. Kayi baar tum investment karte ho aur baad mein pata chalta hai ki wo news bilkul fake thi.

Ajay: Ab toh samajh aaya ki WhatsApp pe sirf good morning aur jokes hi forward karna safe hai!

Bijay (hans kar): Bilkul Ajay! Stock market ki genuine research WhatsApp pe nahi hoti. Khud market ko analyse karo, companies ke official statements padho, aur verified financial experts ko follow karo.

Ajay: Ab mai bhi WhatsApp University se resign kar raha hoon bhai!

Bijay: Good decision, Ajay! Remember, market mein success sirf patience, discipline aur genuine research se milti hai, na ki forwarded messages se.

<u>Lesson:</u> WhatsApp ya kisi bhi social media par anonymously spread hone wali stock tips ko kabhi bhi blindly trust mat karo. Hamesha credible sources se information verify karo aur emotions mein aake invest karne se bacho.

5. Option Trading Jackpot Scheme

Ajay (excited):
Bijay bhai, kal ek YouTuber ne bola ki option buying karke ₹5,000 ko ₹50,000 banaya! Lagta hai option trading jackpot scheme hai. Main bhi shuru karoon?

Bijay (muskurate huye):
Arre Ajay, option trading ka game andar se dekhoge toh samjhoge ki yeh jackpot scheme sirf half-truth hai.Kya tumhe pata hai - *ek recent Securities and Exchange Board of India (SEBI) ki study aayi thi. Usmein clearly bataya hai ki financial year 2022 se lekar 2024 tak, 93% individual traders Futures & Options (F&O) segment mein loss kar chuke hain.*

Chalo, main tumhe detail mein batata hoon.

Fundaa #1: Option Buying ka Craze

Bijay:
Log option buying mein isliye attract hote hain kyunki:

- Kam capital lagega (Premium chhota hota hai).
- Leverage high milta hai. (thora paisa se bada trade)
- Profits theoretically unlimited hote hain.

Lekin Ajay, option buying mein expiry ka pressure hota hai. Option ka value time ke saath decay karta hai, agar price move nahi kiya toh premium zero ho jaata hai.

Example:

Agar tum ₹1000 premium pay karke call option kharidte ho, aur stock price zyada move nahi karta, toh tumhara ₹1000 pura vi khatam ho sakta hai expiry date tak.

Fundaa #2: Reality of Option Sellers

Bijay:

Jo log consistently paisa kama rahe hain, zyada tar option sellers hote hain:

- Option selling mein premium receive karte ho.
- Time decay aur market neutral strategies ka benefit milta hai.
- Lekin margin requirement high hota hai aur *risk theoretically unlimited hota hai* agar hedge na karein.

Badi institutions aur experienced traders option selling karte hain kyon ki unke paas capital aur risk management ka system hota hai.

Fundaa #3: Risk Factors in Options

Bijay:

Option trading mein kuch bade risks hain. Jaise:

1. High Volatility: News, events ya global cues ke wajah se option prices wild swings karte hain.
2. Time Decay (Theta): Har din premium ghatega agar price expected move na kare.

3. Greeks samajhna: Delta, Gamma, Theta, Vega—yeh factors option price ko affect karte hain.
4. Psychology: Small profits ke chakkar mein log bada capital risk pe laga dete hain.

Fundaa #4: Small Capital Trap

Bijay:

Ajay, kam capital ke saath high returns ka promise tempting lagta hai. Lekin:

- Losses bhi fast hote hain.
- Ek galat trade poora capital wipe kar sakta hai.
- Zyada leverage ka misuse hota hai.

Option buying mein beginners jaldi attract hote hain aur jaldi loss bhi dekhte hain.

Fundaa #5: Strategies & Discipline

Bijay:

Option trading mein sirf jackpot soch ke nahi chal sakte. Isme chahiye:

- Proper risk management—Stop loss lagao.
- Position sizing—Pura paisa ek trade mein mat daalo.
- Strategy samjho—Straddles, Strangles, Iron Condor jaise hedged strategies ka use karo.
- Greeks samjho: Theta, Vega, Gamma etc.

Smart Investor Tips:

1. Options sirf tab trade karo jab Greeks aur strategies clearly samajh aaye.
2. High leverage ke lalach mein pura capital mat daalo.
3. Risk reward ratio analyse karo.
4. Option chain aur open interest ka analysis seekho.
5. Long-term wealth ke liye options nahi, solid investing zaroori hai.

Ajay (mehsus karte huye):
Samajh gaya bhai! Option trading mein bhi bina research ke jump maarna apni capital ko risk mein daalna hai.

Bijay (muskurate huye):
Bilkul Ajay! Options ek powerful tool hai, lekin misuse karoge toh market tumhara paisa bina option ke expire kara dega.

6. Commodity Trading Confusion

Ajay (jigyasa bhare andaaz mein):
Bijay bhai, stocks ke baare mein kaafi samajh aa gaya, lekin commodity trading ka kya scene hai? Kya yeh bhi paisa kamaane ka achha tareeka hai?

Bijay (muskurate huye):
Bilkul Ajay! Commodity market bhi ek strong platform hai jahan sahi strategy ke saath paisa kama sakte ho. Lekin yahan bhi risk aur tricks ka khazana hai. Chalo, commodity trading ke basics se start karte hain.

Fundaa #1:Commodity Market Basics

Bijay:
India mein major commodity trading MCX (Multi Commodity Exchange) par hoti hai. Common traded commodities hain:

- Gold & Silver: Precious metals, demand festive season aur global cues pe depend karti hai.
- Crude Oil & Natural Gas: Highly volatile, international prices aur geopolitical news ka strong impact.
- Agricultural Commodities: Wheat, Cotton, Chana, etc. Seasonal demand-supply affect karta hai.

Commodity contracts mein expiry period hota hai. Futures contract ke through hi jyadatar log trading karte hain, aur delivery lene ka intention nahi hota.

Fundaa #2: Price Movement Kaise Kaam Karta Hai?

Bijay:
Commodity prices par bohot factors ka asar padta hai:

1. Global Factors: USD movement, geopolitical tensions, international demand. Gold aur crude oil mein yeh factors sabse zyada effect daalte hain.
2. Supply-Demand: Agricultural commodities mein monsoon, harvest data, aur local demand-supply ka effect padta hai.
3. Inventory Data: Oil aur metals mein weekly inventory reports (jaise U.S. crude oil inventory) price movement ka signal dete hain.
4. Currency Impact: Commodities international market mein USD mein trade hoti hain, isliye rupee-dollar movement ka direct impact hota hai.
5. Festive & Seasonal Impact: Gold, silver jaise metals ka festive season mein demand badhta hai, agri commodities mein harvest period ka asar hota hai.

Fundaa #3: Margin & Volatility

Bijay:

- Commodities mein margin requirement stocks ke comparison mein kam hoti hai, lekin volatility kaafi high hoti hai.
- Especially Crude Oil, Natural Gas, aur Silver mein daily price swings zyada dekhne ko milte hain.
- Small capital ke saath zyada leverage lene se profit bhi jaldi ho sakta hai, lekin loss bhi equally fast ho sakta hai.

Yeh leverage ek double-edged sword hai—control ke saath use karo warna margin call aa sakta hai.

Fundaa #4: Risk Management in Commodity Trading

Bijay:
Commodity trading mein kuch golden rules follow karo:

1. Stop-Loss Hamesha Lagao: Volatility zyada hone ke wajah se ek small move mein bhi bada nuksaan ho sakta hai.
2. Position Sizing: Total capital ka small portion hi ek commodity mein lagao.
3. Diversification: Sirf ek commodity pe dependent mat raho. Gold ke saath agri ya crude mix karo.
4. Global News Track Karo: Specially crude oil, gold, metals ke liye international news monitor karo.

5. **Avoid Holding Positions Overnight:** Commodities mein global market influence karta hai, isliye overnight risk high hai.

Mistakes New Traders Make

- **Over-leverage lena:** Kam margin dekhke position bada lena aur stop-loss nahi lagana.
- **Ignoring global cues:** Commodities ka game purely domestic nahi hota, international markets pe bhi dhyan do.
- **Trading on Tips:** Commodities highly volatile hain, bina research ke tips follow karna risky hai.
- **No Exit Strategy:** Profit ya loss dono mein clear exit plan nahi banana.

Ajay (apna sheer hilate huye):
Samajh gaya bhai, commodities ka maza bhi hai, par rules follow nahi kiye toh risk bhi double!

Bijay (muskurate huye):
Bilkul! Sona ho ya tel, market ke rang tabhi chamakte hain jab trader discipline ke saath khelta hai.

7. Penny Stocks Ka Jalwa Ya Jua

Ajay (excited hokar):
Bijay bhai, ek dost ne bola ki ₹5 ka stock le lo, jaldi ₹50 ho jaayega! Kya sahi mauka hai paisa double karne ka?

Bijay (muskurate huye):
Ajay, penny stocks ka jalwa bahut logon ko dikhai deta hai, lekin asli mein yeh aksar jua ban jaata hai. Chalo, tumhe detail mein batata hoon.

Fundaa #1: Penny Stock Kya Hota Hai?

Bijay:
Penny stocks woh shares hote hain:

- Jinka price ₹10 ya uske aas-paas ya usse kam hota hai.
- Market capitalization bahut chhota hota hai.
- Volume aur liquidity jyadatar kam hoti hai.

Low price dekh ke log sochte hain "Sasta hai, jaldi badhega"—yeh sabse badi misunderstanding hai.

Fundaa #2: Risk Factors in Penny Stocks

Bijay:
Ajay, penny stocks mein kuch major risks hain:

1. Operator Driven: Thode se paisa laga ke price pump kar dete hain.

2. Lack of Information: Company ke financials aur fundamentals clear nahi hote.
3. Liquidity Issue: Buyer nahi milta jab tumhe bechna ho.
4. Volatility: Ek din mein 10-15% ka move common hai.

Fundaa #3: Pump and Dump Ka Playground

Bijay:
Penny stocks pump and dump schemes ka favorite playground hain.

- Operators stock ka price artificially badaate hain.
- Social media, WhatsApp groups mein hawa banaate hain.
- Retail investors fass jaate hain, aur jab dump phase aata hai—price crash ho jaata hai.

Fundaa #4: Fundamental Weakness

Bijay:
Ajay, aksar penny stocks mein company ka revenue, profit ya business model clear nahi hota:

- Kai baar promoters ka track record suspicious hota hai.
- Kabhi kabhi company already loss-making ya bankruptcy ke edge pe hoti hai.

Lekin dhyan rahe, kabhi kabhi bina fundamentals wale stocks bhi speculative demand ke wajah se short-term mein upar ja sakte hain. Lekin zyada tar aise cases mein long-term investors ko nukhsaan hi hota hai.

Fundaa #5: Sahi Approach

Bijay:
Agar penny stocks mein invest karna hi hai, toh:

1. Company ke financials ko detail mein study karo.
2. Promoters ke integrity aur holding ko check karo.
3. Low liquidity aur operator activity se aware raho.
4. Apne total capital ka chhota portion hi allocate karo.
5. Diversification maintain karo—sirf penny stocks mein saara paisa mat daalo.

Ajay (mehsus karte huye):
Bhai, ab samajh gaya. Low price ka matlab yeh nahi ki stock undervalued hai. Risk bahut zyada hai!

Bijay (muskurate huye):
Bilkul Ajay! Penny stocks mein paisa jaldi double nahi hota, lekin risk double zarur hota hai. Soch samajh ke invest karo, warna market tumhe lesson sikha dega!

8. Cryptocurrency Craze

Ajay (jigyasa bhare andaaz mein):
Bijay bhai, aaj kal sab log crypto ke peeche pagal hain!
Bitcoin, Ethereum, Dogecoin—koi bhi coin le lo, sab rocket
ban rahe hain! Main bhi soch raha hoon paisa daal doon.

Bijay (muskurate huye):
Ajay, crypto ka craze sach mein zabardast hai, lekin craze
mein akal mat khona. Chalo, main tumhe step by step
samjhata hoon ki crypto ke duniya ka asli scene kya hai.

Fundaa #1: Cryptocurrency Basics Samjho

Bijay: Sabse pehle, crypto kya hai samajhna zaruri hai:

- Cryptocurrency ek digital currency hai jo blockchain
  technology pe based hai.
- Bitcoin, Ethereum jaise coins, decentralized hain,
  yaani koi central authority control nahi karti. Jese
  hamare Rupee ko RBI regulate karti hai, lekin crypto
  me esa koi regulator nahi hai.
- Iska use - trading, investment, aur kuch cases mein
  payment ke liye hota hai.

Lekin Ajay, crypto ka price demand-supply pe chal raha
hai, fundamental value assess karna mushkil hai. Koi
revenue, profits ya company ke balance sheet jaisa kuch
nahi hai.

Fundaa #2: Extreme Volatility

Bijay:

Ajay, crypto market stock market se zyada volatile hai:

- 10-20% daily price swings common hain.
- Regulatory news, tweets (Elon Musk ke tweets yaad hain?) se price ekdum upar neeche hota hai.
- Koi government ban kare ya legal issue aaye toh poora market crash ho sakta hai.

Agar tum emotional ho, toh is market mein panic sell ya over-trading ka chance zyada hai.

Fundaa #3: Scams aur Rug Pulls ka Risk

Bijay:

Crypto ka regulation clear nahi hai, toh scams kaafi common hain:

- Fake websites banakar, fake coins launch karke logon ka paisa leke developers disappear ho jaate hain (Rug Pull).
- Ponzi schemes, fake wallets, phishing scams bhi bahut chal rahe hain.
- Kai baar influencers khud scam projects promote karte hain.

[Yaad hai OneCoin, Thodex aur Squid game token ka scam? Crypto ke naam par investors ko loot liya gaya !]

Fundaa #4: Lavish Lifestyle aur Hype ka Dikhawa

Bijay:

Crypto influencers ka ek bada trend hai:

- Lamborghini, luxury watches aur foreign trips ke saath crypto promote karte hain.
- "1 Bitcoin se millionaire bana" type ka content flood karte hain.
- Meme coins jaise Dogecoin, Shiba Inu ko asliyat se zyada hype dete hain.

<u>Reality:</u>

Zyada paisa trading se nahi, courses, affiliate commissions aur paid promotions se kamaate hain. Apne profits ka zyada source tum jaise naye logon ka FOMO hota hai, na ki actual crypto trading.

Fundaa #5: Lack of Intrinsic Value

Bijay:

Stocks mein hum company ka business, revenue, profit dekh kar analysis karte hain.

Crypto mein aise fundamentals nahi hote. Sirf speculative demand zyada hoti hai.

Agar utility aur adoption genuine hai (jaise Ethereum ka smart contracts ecosystem), tab bhi valuation highly speculative hi rahega.

Kai coins ka koi actual use-case hi nahi hota, bas hawa mein log invest karte hain.

Fundaa #6: Regulatory Risks

Bijay:

Crypto ke future mein ek aur bada risk hai—Government regulation.

- Agar kisi country ne crypto ko illegal declare kar diya, toh tumhara paisa stuck ho sakta hai.
- India mein bhi crypto regulation abhi clear nahi hai, kab tax ya trading rules badal jaayein pata nahi.

Isliye Ajay, yeh bhi ek important factor hai jab crypto mein invest karo.

<u>Smart Investor Tips:</u>

1. Crypto mein sirf woh paisa invest karo jo lose hone par tumhe financial stress na de.
2. FOMO (Fear of Missing Out) mein invest mat karo.
3. Sahi projects aur technology ko samajh ke hi entry lo.
4. Wallets aur exchanges ka security check karo.
5. Apni portfolio ka chhota hi portion crypto ko allocate karo, pura nahi.
6. Long-term view rakho, daily price swings pe panic mat karo.
7. Regulatory developments par nazar rakho.

Ajay (sochte huye):
Samajh gaya bhai! Ab seedha hype dekh ke nahi, apni research karke hi crypto mein paisa daalunga.

Bijay (muskurate huye):
Bas Ajay, crypto ek opportunity hai lekin samajhdari se khelna zaruri hai. Na toh greed mein, na toh fear mein decision lena.

Golden Rule:
Jo cheez samajh mein nahi aaye, usmein paisa mat lagao. DYOR (Do Your Own Research) crypto duniya ka sabse important mantra hai.

9. Forex Trading Fantasies

Ajay (jigyasa bhare andaaz mein):
Bijay bhai, ek YouTube ad mein dekha ki forex trading se log daily ₹10,000 kama rahe hain! Kya yeh bhi quick money ka shortcut hai?

Bijay (muskurate huye):
Ajay, forex trading ka craze duniya bhar mein hai, lekin India mein iske rules aur reality kuch alag hai. Chalo, main tumhe detail mein samjhata hoon.

Fundaa #1: Forex Trading Kya Hai?

Bijay:
Forex trading matlab currency pairs ka trading—jaise USD/INR, EUR/USD, GBP/JPY, etc.

- Global market mein trillions ka daily turnover hota hai.
- Lekin Ajay, India mein forex trading par strict regulations hain.

Fundaa #2: RBI & SEBI Ke Rules

Bijay:
India mein forex trading karna tabhi legal hai jab:

1. Currency pairs mein INR ka hona mandatory hai (e.g., USD/INR, EUR/INR, GBP/INR, JPY/INR).
2. SEBI-registered brokers ya RBI authorized dealers ke through trade karo.
3. Overseas brokers ke apps/websites ke through INR pairs ke alawa trading karna illegal hai.

Agar koi tumhe non-INR forex pairs (jaise USD/EUR) trade karne ko bole bina authorization ke—samajh lo illegal kaam hai.

Fundaa #3: Fake Promises Aur Scams

Bijay:
Kai influencers aur brokers social media pe dikhate hain:

- "₹500 se ₹50,000 kamao!"
- "Daily income ka guaranteed source."

Yeh sab sirf tumse account open karwa ke commission kamaane ka game hai. Forex highly volatile hai aur bina knowledge ke paisa double nahi, zero ho jaata hai.

Fundaa #4: High Leverage Ka Trap

Bijay:
Forex brokers tempting leverage dete hain—50x, 100x tak.

- Matlab chhote capital pe bada position khol sakte ho.
- Lekin ek chhoti movement bhi pura account wipe kar sakti hai.

High leverage beginners ke liye double-edged sword hai—losses bhi fast hote hain.

Fundaa #5: Realities of Forex Market

Bijay:
Ajay, forex professional traders ke liye ek full-time, data-driven job hai:

- Economic indicators, interest rate changes, geopolitical news pe continuously nazar rakhni padti hai.
- Retail traders ka success rate kaafi low hai.

<u>Smart Investor Tips:</u>

1. Kabhi bhi illegal foreign brokers ke chakkar mein mat padho.
2. INR pairs mein hi SEBI-authorized platforms ke through trade karo.

3. High leverage aur quick money ke lalach mein capital risk pe mat lagao.
4. Agar interest hai, pehle demo account mein practice karo aur currency market ki proper knowledge lo.
5. Long-term wealth creation ke liye equity, mutual funds jaise regulated avenues better hain.

Ajay (mehsus karte huye):
Bhai, samajh gaya. Forex trading ka shortcut sirf ad mein dikh raha hai, asli mein risk aur legal issue dono hain.

Bijay (muskurate huye):
Bilkul Ajay! Har shiny scheme ke peeche ka reality samjho. Regulated aur disciplined investing hi smart investor ka raasta hai

10. Mutual Funds Ka Magic

Ajay (jigyasa bhare andaaz mein):
Bijay bhai, sab log kehte hain mutual funds sahi hai. Lekin yeh mutual funds ka magic kya hai? Kya yeh bhi stock market jaisa risky hai?

Bijay (muskurate huye):
Ajay, mutual funds ek powerful tool hai, lekin iska magic samajhne ke liye pehle basic clear karte hain. Chalo, step by step dekhte hain.

Fundaa #1: Mutual Fund Kya Hai?

Bijay:
Mutual fund ek aisa investment vehicle hai jahan tumhare jaise hazaron investors ka paisa ek jagah pool hota hai.

- Us pooled paisa ko professional fund managers stocks, bonds, gold, ya other assets mein invest karte hain.
- Tumhare paas directly stocks lene ka tension nahi hota, fund manager tumhare behalf pe invest karta hai.

Example:
Large Cap Mutual Fund - Reliance, TCS, Infosys jaise large companies mein paisa lagata hai.

Fundaa #2: Types of Mutual Funds

Bijay:

Ajay, alag-alag goal aur risk appetite ke liye alag-alag mutual funds hote hain. Detail mein samjho:

1. Equity Mutual Funds:
   - Paisa direct stock market mein lagta hai.
   - High risk, high return.
   - Sub-types: Large Cap Funds, Mid Cap Funds, Small Cap Funds, ELSS (tax-saving).
2. Debt Mutual Funds:
   - Paisa government bonds, corporate bonds, treasury bills mein lagta hai.
   - Stable returns, kam risk.
   - Short-term or conservative investors ke liye aacha hai.
3. Hybrid Mutual Funds:
   - Combination of equity aur debt dono.
   - Balanced risk aur return.
   - Sub-types: Aggressive Hybrid, Conservative Hybrid.
4. Index Funds:
   - Passive funds jo market ke index (Nifty 50, Sensex) ko track karte hain.
   - Low-cost, long-term ke liye ideal.
5. Sector/Thematic Funds:
   - Paisa ek particular sector (IT, Pharma, Banking) mein invest hota hai.
   - Risk high, kyunki diversification kam hoti hai.

Fundaa #3: NFO (New Fund Offer) Kya Hota Hai?

Bijay:
Ajay, kya tumne kabhi suna hai NFO ka advertisement?

- NFO ka matlab hai jab koi AMC (Asset Management Company) naya mutual fund launch karti hai.
- Initial price ₹10 hota hai aur investors se naye fund mein paisa collect kiya jaata hai.
- Lekin NFO hamesha sasta ya better nahi hota. Performance purane existing funds se compare karna zaruri hai.

Pro Tip:
Sirf ₹10 price dekh ke invest mat karo, fund ka objective aur strategy samjho pehle.

Fundaa #4: SIP Ka Magic

Bijay:
Mutual funds ka asli magic hota hai SIP (Systematic Investment Plan) mein:

- Har mahine thoda-thoda invest karo.
- Market kab upar, kab neeche hoga uski chinta nahi.
- Long term mein compounding ka effect dikhta hai.

Example:
Agar tum ₹5000 monthly SIP karte ho 25-30 saal tak, toh crores ka corpus ban sakta hai.

Fundaa #5: Diversification Ka Faida

Bijay:
Mutual funds mein paisa ek ya do stocks mein nahi, balki 30-50 alag companies mein invest hota hai.

- Agar ek do companies ka performance kharab bhi ho, overall risk manage ho jaata hai.
- Direct stock trading mein yeh diversification manage karna mushkil hota hai.

Fundaa #6: Liquidity Aur Transparency

Bijay:
Mutual funds mein:

- Kabhi bhi paisa withdraw kar sakte ho (except ELSS - lock-in).
- Fund ka portfolio, returns, expense ratio sab transparent hota hai.

Fundaa #7: Risks and Misconceptions

Bijay:
Ajay, mutual funds risk-free nahi hain:

- Equity funds mein short-term volatility hoti hai.
- Har fund ka performance market ke according change hota hai.

- Lekin long-term mein disciplined investing se risk manage hota hai.

<u>Important:</u>
Past returns ke basis pe decision mat lo. Fund ka objective, expense ratio aur fund manager ka track record zarur check karo.

<u>Smart Investor Tips:</u>

1. Apne goal ke hisaab se fund select karo (Retirement, Child Education, Wealth Creation).
2. SIP discipline maintain karo—market ke upar neeche se ghabrao mat.
3. Fund ka expense ratio kam ho toh better hai.
4. Fund ka historical performance ko compare karo benchmark se.
5. Hamesha trusted AMCs (Asset Management Companies) ke funds choose karo.
6. NFO ke dauraan sirf naye fund ka hype dekh ke invest mat karo.

Ajay (khus ho kar):
Bhai, ab toh mutual funds ka magic samajh aa gaya! Direct stock market ka tension nahi, professional log handle karte hain.

Bijay (muskurate huye):
Sahi Ajay! Mutual fund mein patience aur discipline rakho, returns apne aap aa jayenge. Yeh market ka magic nahi, compounding aur time ka magic hai!

11. Fundamental Analysis

Ajay: Bijay bhai, finally mujhe samajh aa raha hai ki shortcuts se paisa nahi banta. Lekin ab batao,mutual funds ke alawa agar mujhe khud se invest karna ho to genuinely achhi companies mein invest kaise karoon?

Bijay: Yeh hui na samajhdari wali baat, Ajay! Company ke fundamentals check karna sabse zaruri hai, jisse tum long-term mein paisa kama sako.
Chalo, main tumhe step-by-step batata hoon.

Fundaa #1: Sabse pehle kya dekhna chahiye?

Bijay: Ajay, sabse pehle *Company ka Business Model* samajhna zaruri hai.
Business Model ka matlab:

- Company kya product ya service bechti hai?
- Kya wo product ki demand future mein bhi rahegi ya nahi?

<u>Example:</u>

- HUL (Hindustan Unilever): Soap, Shampoo, Toothpaste – Roz ka use hone wale product, demand stable.
- Zomato: Food delivery – Growing industry hai lekin profit kab consistent hoga, yeh dekhna padega.

Agar product samajh aaye aur future mein bhi chalne wala lage, toh first green flag!

Fundaa #2: Business model samajhne ka tarika kya hai?

Bijay: Bahut simple:

1. Annual Report padho: Har company ka annual report free mein milta hai, company ki website pe aur NSE/BSE websites par vi.
2. Website pe dekho: Company kis cheez ka revenue kama rahi hai, uska business model kya hai.
3. Google News padho: Company ke naye plans, products ke baare mein pata chalega.

<u>Example:</u>

- Reliance Industries: Oil business strong, phir Jio ke through telecom mein entry, retail bhi expand ho raha hai. Multiple income sources = Diversified business.
- Infosys: Sirf IT services, software banata hai, clients duniya bhar mein hain.

Ajay: Toh humein company ka core business aur uski market positioning samajhni chahiye?

Bijay: Bilkul sahi! Agar tumhe company ka business model samajh aata hai, toh tum better assess kar sakte ho ki company future mein kaise perform karegi.

Fundaa #3: Financial health kaise check karte hain?

Bijay: Teen main cheezein:

1. Revenue Growth: Har saal sales badh rahi hai kya?
    -   Example: Kya Infosys ka revenue consistently badhta hai?
2. Profit Margins: Operating margin (core business ka profit) aur Net margin (total profit) stable hain ya nahi.
    -   Example: Kya HUL ka profit margin hamesha strong hai?
3. Debt Levels: Zyada udhaar (debt) toh nahi?
    -   Debt-to-Equity Ratio kam ho toh better.
    -   Example: ITC almost debt-free hai, isliye bohot saare investors safe maante hai.

Kahan check karein?

-   Screener.in, Moneycontrol, NSE/BSE websites – Free data available hai.

Fundaa #4: Ratios ka kya role hai?

Bijay: Ratios ek tarah ka report card hai. Must-know ratios:

Price-to-Earnings Ratio (P/E): Yeh ratio batata hai ki investors company ke current earnings ke liye kitna pay kar rahe hain. Lower P/E ratio generally indicate karta hai ki stock undervalued hai, lekin hamesha nahi. Industry average ke saath compare karna zaruri hai.

<u>Example:</u> Agar Reliance ka P/E ratio industry average se lower hai, toh yeh ek potential buying opportunity ho sakta hai, provided company fundamentals strong hain.

<u>Return on Equity (ROE):</u> Yeh ratio measure karta hai ki company apne shareholders' equity se kitna profit generate kar rahi hai. Higher ROE indicate karta hai ki company efficiently capital use kar rahi hai.

<u>Example:</u> Asian Paints agar consistently high ROE maintain karta hai, to ye unki operational efficiency aur profitability ko dikhata hai.

<u>Return on Capital Employed (ROCE):</u> Yeh ratio batata hai ki company apne total capital (equity plus debt) se kitna efficiently profit generate kar rahi hai. Higher ROCE indicate karta hai ki company apne capital ko effectively deploy kar rahi hai.

Ajay: Yeh ratios calculate kaise karte hain?

Bijay: Ratios calculate karne ke formulas simple hain:

- P/E Ratio = Current Share Price / Earnings per Share (EPS)
- ROE = Net Profit / Shareholders' Equity
- ROCE = Earnings Before Interest and Tax (EBIT) / Capital Employed

[Tumhe yeh data company ke financial statements mein mil jayega.]

Ratio Name	Kya samjhata hai?	Example
P/E Ratio	Price ka kitna multiple company ke earnings ka.	Low P/E = Sasta lag sakta hai (compare karo)
ROE (Return on Equity)	Shareholders ke paise ka kitna faida ho raha.	Asian Paints ka ROE high = Efficient use
ROCE (Return on Capital Employed)	Company capital ka efficient use.	Infosys ka ROCE stable and healthy

Comparison: Apni company ka ratio same industry ke peers se compare karo.

Fundaa #5: Management kaise judge karein?

Bijay: Company ka steering wheel management ke haath mein hota hai!

- Promoter Holding zyada: Jaise 50%+, toh management ka skin in the game hai.
- Past record dekho: Koi fraud, SEBI penalties toh nahi?
- Transparent aur ethical management long-term mein shareholder value create karta hai.

Fundaa #6: Industry ka analysis kaise karein?

Bijay: Company ka future uske industry ke health pe bhi depend karta hai.

- Industry Growth: Dekho ki industry grow ho rahi hai ya decline. Ek growing industry mein companies ke paas expand karne aur profit increase karne ke zyada opportunities hoti hain.
  Example: Renewable energy sector rapid growth phase mein hai, toh is sector ki companies future mein achha perform kar sakti hain.

- Competitive Positioning: Company ka apne competitors ke beech market share aur differentiation factors kya hain? Kya company ke paas koi unique selling proposition (USP) hai jo usse competitors se alag banata hai?

Industry	Example Companies	Growth Potential
Pharma	Sun Pharma, Cipla	Economic slowdown mein bhi stable
IT Services	Infosys, TCS	Global demand for digital services growing
Renewable Energy	Adani Green, Tata Power	Fast-growing, future ka trend

News, Govt. policies, competitors ka analysis bhi zaruri hai.

Fundaa #7: Dividend dekhna kyun important hai?

Bijay: Dividend ka matlab company ke paas cash hai aur wo shareholders ko reward de rahi hai.

Example:

- HUL, ITC: Regular dividend dete hain = Financially strong.
- Dividend-paying company ka matlab hai ki business stable hai.

Fundaa #9 Annual Report kaise padhein?

Bijay: MD&A Section pe dhyan do (Management Discussion & Analysis):

1. Business ka plan kya hai?
2. Future risks kya hain?
3. Management ka vision kya hai?

Also, Financial Statements ke Notes bhi padho – loan details, segment revenue ka pata chalega.

Fundaa #10: Peer comparison kaise karein?

Bijay: Ek hi sector ke companies ka comparison karo:

Criteria	Maruti Suzuki	Tata Motors
Market Share	Leader	Catching up, EV strong
Debt	Low	High
Profit Margin	Consistent	Fluctuating

Aise hi har sector mein competitors ka comparison karo.

Fundaa #11: Long-term ke liye diversification kitni zaruri hai?

Bijay: Kam se kam 8-10 stocks, different sectors mein:

Sector	Example Stocks
Banking	HDFC Bank, Kotak Mahindra
FMCG	HUL, Nestlé
IT	Infosys, TCS
Pharma	Sun Pharma, Cipla
Auto/EV	Maruti, Tata Motors (long-term)

Purpose = Ek sector gir gaya toh doosra sambhal le.

Fundaa #12: Fundamental ke baad valuation kaise dekhein?

Bijay:

1. P/E, PEG Ratio dekho: Price earning ke mutabik stock mehenga ya sasta.
2. Discounted Cash Flow (DCF): Future cash flows ka value nikal ke compare karo – advanced investors ke liye.

Example:

- Infosys ka average P/E 20, agar current P/E 15 aur fundamentals strong, toh undervalued lag sakta hai.

Fundaa #13: Invest karne ke baad monitoring kaise karein?

Bijay:

- Har quarter ka result dekho.
- Revenue, profit, debt ka trend monitor karo.
- Management commentary – naye plans kya hain.
- News check karo – koi scandal, regulatory issue, CEO change toh nahi?

Saath hi, ek baar saal mein apna portfolio review karo – underperforming stocks ko replace karo.

Fundaa #14: Behavioral biases se kaise bachein?

Bijay:

Bunty, kabhi bhi emotional hoke invest mat karna. Common biases jaise:

- Herd Mentality (sab le rahe hain toh main bhi loon)
- Anchoring Bias (ek price pe atak jana)
- Overconfidence Bias

se bachke raho. Hamesha data aur research pe based decision lo, na ki rumours pe. Checklist banao – har stock ko logical tarike se evaluate karo.

Bias	Kya hota hai?	Kaise bachein?
Anchoring Bias	Ek price pe atak jana	Fundamentals dekho, price se mat chipko
Loss Aversion	Nuksan ke darr se galat decision lena	Long-term ka vision rakho
Herd Mentality	Sab kharid rahe hain, main bhi loon	Apni analysis karo, blindly follow mat karo
Overconfidence Bias	Mujhe sab pata hai, mera analysis 100% sahi hoga.	Overconfidence mein nahi,patience aur discipline se paisa banta hai.

Ajay: Conclusion kya hai?

Bijay: Recap:

→ Business samjho.
→ Financials (Revenue, Profit, Debt) strong ho.
→ Management clean aur reliable ho.
→ Industry ka growth potential ho.
→ Valuation sahi price pe ho.
→ Apne emotions ko control karo.

Agar yeh sab follow karoge, toh Ajay bhai, long-term wealth banega aur scams se door rahoge!

Ajay (muskurate hue): Bhai, ab toh fundamental analysis ka asli funda clear hai! Long-term, patience aur research se kaam karunga.

Bijay: Bilkul! Investing mein jaldi paisa double karne ki soch nahi, discipline aur patience best hai.

12: Annual Reports Kaise Padhe - Boring Nahi, Useful Hai!

Ajay (bored):
Bijay bhai, annual reports dekhte hi neend aa jaati hai. Yeh itne pages ka kya karein?

Bijay (muskurate huye):
Ajay, annual reports boring lagti hain kyunki humne unko samajhne ka tarika nahi seekha. Lekin asli investor wahi hai jo numbers ke peeche ki kahani samjhe. Chalo, main tumhe simplified way mein sikhaata hoon.

Fundaa #1: MD&A Section - Management Ki Soch Samjho

Bijay:
MD&A matlab Management Discussion & Analysis section.

- Yahan management apne business ka review deta hai.
- Market conditions, future growth plans, challenges, etc likhe hote hain.
- Dekho ki management transparent hai ya sirf achha dikhane ki koshish kar raha hai.

<u>Pro Tip:</u> Agar yeh section zyada defensive ya vague ho, toh red flag hai.

Fundaa #2: Balance Sheet - Company Ki Financial Health

Bijay:
Balance sheet ek snapshot hai:

- Assets: Company ke paas kya-kya hai (cash, property, inventory).
- Liabilities: Company ke upar kitna karza hai.
- Equity: Promoters aur shareholders ka stake.

Important Ratios:

1. Debt-to-Equity Ratio: High debt risky.
2. Current Ratio (Current Assets ÷ Current Liabilities): 1.5 ke upar ho toh healthy.

Yeh dekho ki company ke paas liabilities cover karne ke liye sufficient assets hain ya nahi.

Fundaa #3: Profit & Loss Statement - Company Kama Kya Rahi Hai?

Bijay:
Yeh section batata hai:

- Revenue/Sales Growth: Kya sales barh rahi hai year-on-year?
- Operating Profit Margin (OPM): Cost ke baad kitna bacha raha hai?
- Net Profit: Kitna asli munafa company ke haath aa raha hai?

Dekho ki revenue aur profits consistent grow kar rahe hain ya nahi. Ek baar ka profit nahi, trend important hai.

Fundaa #4: Cash Flow Statement - Actual Paisa Ka Flow

Bijay:
Profit book mein dikhana alag baat hai, lekin cash ka flow alag game hai:

1. Operating Cash Flow (OCF): Core business se kitna cash aa raha hai.
2. Investing Cash Flow: Company kaha invest kar rahi hai—new plants, assets.
3. Financing Cash Flow: Loans repay ho rahe hain ya naye liye ja rahe hain?

Positive OCF hona long-term ke liye important hai.

Fundaa #5: Notes to Accounts - Chhoti Baaten, Badi Importance

Bijay: Annual report ke end mein footnotes hote hain—Notes to Accounts.

- Yahan accounting policies, pending litigations, related party transactions jaise hidden cheezein hoti hain.
- Kabhi kabhi asli kahani yahin chhupi hoti hai.

Fundaa #6: Shareholding Pattern - Kaun Kitna Stake Pakde Hue Hai

Bijay: Dekho ki:

- Promoter holding stable hai ya gir rahi hai?
- FII (Foreign Institutional Investors) aur DII ka interest kitna hai? High promoter holding aur FII interest confidence ka sign hota hai.

<u>Smart Investor Tips:</u>

1. Pehle MD&A section padho—management ka mindset samjho.
2. Balance sheet se debt aur liquidity position dekho.
3. Profit & Loss se consistent revenue aur net profit trend check karo.
4. Cash flow se actual paisa ka health check karo.
5. Footnotes ko ignore mat karo—real story wahi chhupi ho sakti hai.
6. Shareholding pattern par hamesha nazar rakho.

Ajay (surprised):
Bhai, pehle toh annual report ka fear lagta tha, ab lagta hai yeh toh investor ka treasure hai!

Bijay (muskurate huye):
Bilkul Ajay! Annual report boring nahi, paisa banane ka blueprint hai. Samajh gaye toh market ka asli hero ban jaoge.

13: Entry aur Exit Ka Perfect Formula - Sahi Time, Sahi Decision

Ajay (jigyasa bhare andaaz mein):
Bijay bhai, stocks ka analysis toh samajh aa gaya, lekin sabse badi dikkat yeh hai—entry aur exit ka sahi time kaise decide karein?

Bijay (smiling):
Bilkul Ajay! Profits kamaana sirf analysis pe nahi, execution pe bhi depend karta hai. Chalo, entry aur exit ka pura framework samjhte hain.

Fundaa #1: Entry - Kab Aur Kaise Karein?

1. Valuation Pe Dhyan Do:

- Stock ki P/E ratio, P/B ratio sector ke average ke comparison mein dekho.
- Agar stock undervalued lag raha hai, fundamentals strong hain, tab entry ka achha mauka hai.
- PEG Ratio bhi check karo—growth ke hisaab se stock sasta ya mehenga hai ya nahi.

<u>Small Note:</u>
PEG Ratio (Price/Earnings to Growth Ratio) ka matlab hai stock ka P/E ratio divided by company ke earnings growth rate. Agar PEG ratio 1 se kam hai, toh stock sasta mana jaata hai, kyunki price ke comparison mein growth zyada hai. Higher PEG ka matlab stock thoda mehenga ho sakta hai, growth ke comparison mein.

2. Support Levels Identify Karo:

- Technically dekho ki stock ka strong support zone kaunsa hai (daily/weekly charts).
- Support ke aas-paas buying ka risk kam hota hai.
- Indicators jaise Relative Strength Index (RSI) aur Moving Averages (200 DMA, 50 DMA) use karke support check karo.

3. Sector & Peer Comparison:

- Sector ka overall health samjho. Agar sector outperform kar raha hai, aur stock leader hai toh entry strong hai.
- Competitor stocks ka bhi valuation aur growth compare karo.
- Agar koi sector cyclical stock hai (jaise auto, metals, agriculture), toh uska cycle ka stage samajh ke entry karo.

4. Phased Buying:

- Ek hi price par full quantity mat lo.
- SIP style ya dips mein accumulate karo taaki average buying price accha bane.

5. Macroeconomic Factors Dekho:

- Interest rates, inflation, global cues ka bhi effect hota hai.
- Bullish macro conditions mein entry lena safer hota hai.

Fundaa #2: Exit - Kab Nikalna Hai?

1. Target Pre-Define Karo:

- Entry ke time hi realistic target fix karo (e.g., 30-50% return based on stock type).
- Target achieve ho jaaye toh greed mein mat faso, partial profit booking karo.

2. Resistance Levels Dekho:

- Jaise support pe entry, waise strong resistance zones pe exit plan banao.
- Previous price action zones ko identify karo jahan pehle selling pressure aaya ho.

3. Fundamentals Weak Ho Toh Exit Karo:

- Agar company ka debt badh raha hai, profits gir rahe hain ya management credibility pe doubt ho, turant exit karo.
- Corporate governance issues ya promoter pledging bhi red flags hain.

4. Better Opportunity Mile Toh Capital Rotate Karo:

- Kabhi-kabhi kisi aur stock ya sector mein better opportunity dikhe, toh portfolio rebalance karo.

5. Stop-Loss Policy:

- Technically aur fundamentally dono basis pe stop-loss decide karo.
- Agar stock 10-15% niche girta hai bina reason ke, toh revisit karo.

Fundaa #3: Monitoring - Hamesha Nazar Rakho

Bijay:
Entry aur exit ke beech monitoring sabse important step hai:

1. Quarterly Results Track Karo: Revenue, profits, margins stable hain ya nahi.
2. News Flow Pe Nazar: Management decisions, new projects, regulatory updates.

3. Sector Health: Sector underperform kar raha ho toh alert ho jao.
4. Technical Levels Review: Time-time pe support/resistance levels re-analyze karo.
5. Macroeconomic Indicators: Interest rate changes, inflation data, budget announcements ka effect samjho.
6. Promoter Holding & Pledging: Agar promoter holding gir rahi hai ya shares pledged hain, watch out!

Ajay (chain ki saans lete huye):
Bhai, ab samajh gaya—entry aur exit bina plan ke karna matlab andhere mein teer maarna!

Bijay (muskurate huye):
Bilkul Ajay! Market ka asli game - analysis ke baad execution ka hai. Discipline aur monitoring se hi paisa banega.

---

14. Intraday Trading - Smart Game, Smart Moves

Ajay (jigyasa bhare andaaz mein):
Bijay bhai, intraday trading mein paisa banana hai, par har waqt lagta hai kuch na kuch chook jaata hai. Kya koi solid Tricks aur tricks batao jo kaam aayein?

Bijay (muskurate huye):
Ajay, intraday ek fast game hai—lekin bina strategy ke sirf speed se kaam nahi banta. Jitni jaldi paisa ban sakta hai, utni hi jaldi doob bhi sakta hai. Chalo, main tumhe kuch practical aur smart Tricks deta hoon jo intraday traders ke liye must-follow hain.

Fundaa #1: Options Data & Volume Ka Analysis

Bijay: Options chain ek trader ka roadmap hai. Har din market khulne se pehle options chain ka analysis karo:

- Open Interest (OI): Dekho kaunse strike prices pe highest OI build-up ho raha hai. Zyada OI ka matlab wahan strong support ya resistance ban sakta hai.
- Volume Spike: Agar kisi option ka volume suddenly badhta hai aur OI stable hai, toh koi bada player activity kar raha ho sakta hai.
- Put-Call Ratio (PCR): PCR low ho toh market bearish mood mein, high ho toh bullish.

<u>Pro Trick:</u> Low volume options avoid karo. Liquidity nahi hogi toh exit mushkil hoga.

Fundaa #2: India VIX - Volatility Indicator

Bijay:

India VIX market ke dar ka indicator hai. Har din trade lene se pehle isko zarur check karo.

- Agar VIX high hai (15+), toh market mein tezi se swings honge. Aise mein stop-loss tight rakho aur position size kam karo.
- Low VIX ka matlab market calm hai, lekin breakout ke chances high hote hain.

Simple rule: High VIX = High Risk. Zyada risk lene se pehle apni risk appetite samjho.

Fundaa #3: Market Timing & First Hour Rule

Bijay:

Market ka pehla ghanta sabse crucial hota hai:

- First 15-30 minutes mein market ka mood samjho. News digestion, overnight positions unwind hone mein yeh time lagta hai.
- Impulsive trade lene se bachna chahiye. Ek baar clear trend dikhe tabhi entry karo.

Patience rakho, first hour mein market ka direction samjhna hi smart trader ki pehchaan hai.

Fundaa #4: News & Economic Calendar Track Karo

Bijay:

Global aur domestic news intraday ka game bigaad sakti hai:

- RBI policy, US Fed announcement, inflation data, crude oil prices—all ka impact immediate hota hai.
- Pehle se economic calendar mark karo. Big news ke time trade lena avoid karo unless strategy clear ho.

Remember, market news ke waqt emotional decisions sabse zyada galti karwate hain.

Fundaa #5: Volume + Price Action Combo Dekho

Bijay:

Sirf price movement dekhkar trade mat karo. Volume ka confirmation zaruri hai:

- Breakouts tabhi strong hote hain jab volume bhi breakout kare. Agar price breakout ho raha hai lekin volume low hai, toh false breakout ka chance hota hai.
- 5-min aur 15-min charts pe volume spikes ko dhyan se dekho.

Volume + price action ka combo intraday mein accuracy badhata hai.

Fundaa #6: Set Strict Stop-Loss & Target

Bijay:

Intraday ka golden rule:

- Trade lene se pehle hi apna stop-loss aur profit target fix karo.
- Kabhi bhi emotional stop-loss shift mat karo. Loss ko accept karna seekho.
- Trailing Stop-Loss ka use karo taaki profits protect ho jaayein aur market reverse hone pe exit safe rahe.

Risk predefined hoga toh panic nahi hoga.

Fundaa #7: Avoid Overtrading

Bijay:

Market hamesha active rehta hai, par iska matlab yeh nahi ki har move pe trade lena zaruri hai:

- Zyada trades lene ka matlab zyada brokerage, zyada mistakes.
- Sirf high conviction setups pe limited trades lo.

Daily ek maximum trade limit aur maximum loss limit fix karo. Discipline hi survival mantra hai.

Fundaa #8: Trading Journal Maintain Karo

Bijay:
Apni har trade ka record rakho:

- Entry point, exit point, stop-loss, reason for entry — sab note karo.
- Week ke end mein analyse karo ki kaunsi strategies kaam kar rahi hain aur kaunse galti repeat ho rahi hain.
- Apna mistakes ko repeat mar karo.

Ajay (seer hilate huye):
Bhai, ab samajh gaya—intraday mein speed se zyada zaruri hai strategy, risk control aur discipline!

Bijay (muskurate huye):
Bilkul Ajay! Market mein smart kaam karoge, tabhi paisa bachega aur badega.

15. Risk Management - Paisa Bachana Zaroori Hai

Ajay (serious hokar):
Bijay bhai, ab invest karna seekh gaya hoon, lekin dar lagta hai—agar paisa doob gaya toh?

Bijay (muskurate huye):
Ajay, market mein paisa kamaana important hai, lekin usse bhi important hai paisa bachana. Risk management ka funda samjho, tabhi portfolio safe rahega. Chalo step by step batata hoon.

Fundaa #1: Position Sizing - Ek Trade Mein Kitna Paisa Lagana?

Bijay:
Sabse pehla rule—kabhi bhi apna saara paisa ek trade mein mat daalo.

- Har trade mein capital ka chhota hissa lagao (2-5% max).
- Agar galti ho jaaye, portfolio pe zyada impact na ho.

Example:
Agar ₹1 lakh ka portfolio hai, toh ek trade mein ₹2,000-₹5,000 se zyada risk mat lo.

Fundaa #2: Diversification - Ek Tokri Mein Saare Ande Nahi

Bijay:

Har stock, sector ya asset class ek jaise perform nahi karta.

- Stocks ke alag sectors mein invest karo (IT, Pharma, FMCG, etc.).
- Equity ke saath Debt, Gold, Mutual Funds ka combination rakho.

Isse ek sector girne par pura portfolio crash nahi karega.

Fundaa #3: Stop-Loss - Nuksaan Pe Control

Bijay:

Stop-loss lagana discipline ka sabse bada sign hai.

- Pehle se decide karo, agar stock 5-10% gir gaya toh exit karna hai.
- Emotional decision nahi, rule-based exit karo.

Stop-loss se apna capital bachaya ka sakta hai. Ek bada loss chhota loss ban jaata hai.

Fundaa #4: Emergency Fund - Market Ke Bahar Ka Safety Net

Bijay:

Market mein risk manage karne ke saath apni life ka bhi risk manage karo:

- Minimum 6 months ka kharcha ek safe instrument (FD, savings account) mein rakho.
- Kabhi bhi urgent paisa chahiye ho, investments bechne ki zarurat na pade.

Fundaa #5: Insurance - Wealth Protection

Bijay:

Market returns ka fayda tabhi hai jab zindagi ke unforeseen risks covered ho:

1. Term Insurance: Family ke liye basic protection.
2. Health Insurance: Medical emergency ka kharcha market investments ko impact na kare.

Agar proper insurance cover nahi hoga, toh investment ka purpose hi fail ho jaayega.

Fundaa #6: Avoid Overtrading - Zyada Trade = Zyada Risk

Bijay:

Har din zyada trades lena ya unnecessary trades lena portfolio ke liye khatarnak hota hai.

- Sirf high conviction, well-researched trades lo.
- Brokerage aur taxes bhi overtrading se profits ko kha jaate hain.

Fundaa #7: Risk-Reward Ratio Samjho

Bijay:

Har trade ya investment mein pehle risk-reward ratio calculate karo:

- Agar potential profit 1 hai aur risk bhi 1 hai, toh trade avoid karo.
- Minimum 1:2 ya 1:3 risk-reward hona chahiye.

Fundaa #8: Avoid Herd Mentality - Dusre Ke Peeche Mat Daudo

Bijay:

Sirf dusre log kya kar rahe hain us basis par investment mat karo.

- Apni risk capacity aur goal ke hisaab se decision lo.
- Market mein herd(jhund) ke saath chalne wale aksar crash mein sabse zyada nuksaan uthate hain.

<u>Smart Investor Tips:</u>

1. Position sizing hamesha limited rakho — overconfidence se avoid karo.
2. Diversification se risk spread karo—single sector ya stock mein mat atko.
3. Stop-loss ko follow karna seekho—hope aur fear ko side rakho.
4. Emergency fund ready rakho—market ke bahar ke shocks ke liye.
5. Term aur health insurance mandatory hai—apne aur family ke safety ke liye.
6. Overtrading aur excessive leverage avoid karo.
7. Har trade ka risk-reward ratio calculate karo.
8. Herd mentality se bachkar apni research aur planning par dhyan do.

Ajay (samajhte hue gambhirta se):
Bhai, ab samajh gaya—market mein jeetne ke liye risk lena zaruri hai, lekin uss risk ko control karna aur bhi zaruri hai!

Bijay (muskurate huye):
Bilkul Ajay! Paisa kamana skill hai, lekin paisa bachana art hai. Dono ka balance bana ke chalo!

16: Taxation Ka Tadka

Ajay (jigyasa bhare andaaz mein):
Bijay bhai, stock market se kamaai toh ho rahi hai, lekin tax ka scene samajh nahi aata. Har baar sunta hoon short-term, long-term gains, brokerage charges... sab kaise kaam karta hai?

Bijay (muskurate huye):
Sahi sawaal Ajay! Kamaai karne ke saath saath sarkar ko bhi hissa dena padta hai. Chalo, tax ka tadka bhi samajh le.

Fundaa #1: Long Term Capital Gains (LTCG)

Bijay:

- Agar tumhare equity investments (stocks, equity mutual funds) ko 1 saal se zyada hold kiya, toh LTCG lagega. LTCG ka matlab (Long Term Capital Gains) hota hai.
- Profit ₹1.25 lakh tak tax-free hai. (**as on 20-03-25)
- ₹1.25 lakh se upar ke gains par 12.5% tax lagega.

<u>Example:</u>
Agar ₹1,50,000 ka profit hua, toh ₹25,000 par 12.5% tax (₹3,124) lagega.

Fundaa #2: Short Term Capital Gains (STCG)

Bijay:

- Agar tumne stocks 1 saal ke andar bech diye, toh STCG lagega.
- Profit par 20% flat tax lagega, chahe kitna bhi profit ho.(**as on 20-03-25)

<u>Example:</u>
Agar ₹50,000 ka profit hua, toh ₹10,000 tax lagega.

Fundaa #3: Intraday Trading ka Tax

Bijay:

- Intraday trading se jo profit hota hai, woh speculative income maana jaata hai.
- Us par normal slab rate ke according tax lagega.

Fundaa #4: Dividend Income

Bijay:

- Dividend ab investor ke haath mein taxable hai.
- Dividend income bhi aapke normal income slab ke according tax hoti hai.

Fundaa #5: Broker Charges aur Other Costs

Bijay:

Stock market mein sirf profit hi nahi, kuch charges bhi hote hain:

1. Brokerage Fees: Buy/Sell karne par broker ko dena padta hai.
2. STT (Securities Transaction Tax): Govt. ka tax har transaction par lagta hai.
3. Exchange Transaction Charges, GST, Stamp Duty: Sab alag se lagte hain.

Yeh sab charges ko bhi calculate karna jaruri hai kyunki yeh profits ko directly impact karte hain.

Fundaa #6: Loss Carry Forward Ka Funda

Bijay:

Ajay, market mein har baar profit nahi hota. Agar kabhi loss hua, toh uska bhi tax benefit le sakte ho:

1. Short-Term Capital Loss (STCL):

- STCL ko tum apne future ke short-term ya long-term capital gains ke against next 8 financial years tak adjust kar sakte ho.

2. Long-Term Capital Loss (LTCL):

- LTCL sirf long-term capital gains ke against hi set off kiya ja sakta hai.
- Yeh bhi 8 years tak carry forward ho sakta hai.

<u>Important:</u>
Loss carry forward ka benefit lene ke liye timely Income Tax Return (ITR) file karna mandatory hai, chahe tum tax payable bracket mein na bhi ho.

<u>Smart Investor Tips:</u>

1. Long-term investing se tax ka benefit milta hai.
2. Har trade ke charges aur taxes ka calculation rakho.
3. ITR filing mein capital gains, losses aur dividend income disclose karna mat bhoolo.
4. Intraday aur F&O ke profits ko correct category mein show karo.
5. Agar loss hua hai, toh set off aur carry forward ka benefit zarur lo—har saal ke liye record maintain karo.

Ajay (chain ke saans lete huye):
Ab samajh gaya bhai, profit ke saath tax aur charges ka bhi calculation karna zaruri hai, aur loss ka bhi sahi use ho sakta hai!

Bijay (muskurate huye):
Bilkul Ajay! Market se paisa kamana art hai, lekin usko efficiently manage karna science hai!

Long-Term Investing Checklist

Checklist Item	Check
Kya aapne apna investment goal (retirement, child education, etc.) define kiya hai?	
Kya aapne fundamentally strong companies choose kiye hain?	
Kya aap SIP ya periodic investing discipline maintain kar rahe hain?	
Kya aap market ke short-term volatility se ghabra ke decision nahi le rahe?	
Kya aap diversified portfolio maintain kar rahe hain?	
Kya aapne mutual funds ka expense ratio aur past performance check kiya hai?	
Kya aap apne investments ko regularly review karte hain (6 months ya yearly)?	
Kya aap unnecessary portfolio churning (buy/sell frequently) se bach rahe hain?	
Kya aap patience aur compounding ko apna long-term wealth creation mantra banaye hue hain?	

Intraday Trading Checklist

Checklist Item	Check
Kya aapne apna risk per trade clearly define kiya hai?	
Kya aap proper stop-loss lagate hain har trade mein?	
Kya aap over-leverage avoid karte hain?	
Kya aap apne capital ka small portion hi ek trade mein lagate hain?	
Kya aap apna daily/weekly loss limit set kiya hai?	
Kya aap kisi tip provider ya random signal ke basis pe trade nahi karte?	
Kya aap technical analysis tools (moving averages, RSI, support/resistance) samajh ke trade karte hain?	
Kya aap impulsive revenge trading se door hain?	
Kya aap market news aur events (budget, RBI policy) ka dhyan rakhte hain?	

Options Trading Checklist

Checklist Item	Check
Kya aap options ke Greeks (Delta, Theta, Gamma, Vega) ko samajh rahe hain?	
Kya aapne apna risk/reward ratio har strategy mein define kiya hai?	
Kya aap option selling ke margin requirements aur risks ko samajh kar trade kar rahe hain?	
Kya aap hedging strategies jaise spread, straddle, strangle use karte hain?	
Kya aap high leverage ke chakkar mein over-position size nahi le rahe?	
Kya aap event-based trading (expiry day, results day) mein controlled exposure ke saath ja rahe hain?	
Kya aap stop-loss aur exit plan clearly define karte hain pehle se?	
Kya aap option chain aur open interest ka analysis karte hain?	
Kya aap apne capital ka limited percentage hi options mein allocate karte hain (10-20%)?	

THE END

Stock market ke safar mein har investor shuruaat mein shortcut, quick money aur tips ke chakkar mein padta hai. Lekin jo log market ke asli magic ko samajh jaate hain, unhe ek cheez clear ho jaati hai—success ka formula patience, discipline aur knowledge mein chhupa hai.

Is kitab ke har chapter mein Ajay aur Bijay ki baaton ke zariye yeh message diya gaya hai ki:

- Scams aur shortcuts sirf temporary excitement dete hain, lekin nuksaan ka risk badhate hain.
- Fundamental analysis, risk management, aur long-term thinking hi wealth creation ka asli raasta hai.

Agar aapne yeh kitab padhi aur ek bhi impulsive trade se bache, ya ek bhi scam ko pehchaan liya, toh samajh lijiye yeh kitab ka mission poora hua.

Market hamesha reward karta hai unhe jo soch samajh ke, patience ke saath aur apni research par bharosa karke invest karte hain.

Aakhir mein, yaad rakho:

"Stock market koi casino nahi, yeh ek wealth-building machine hai—bas chalana sahi tarike se aana chahiye!"

Happy investing, stay safe, stay smart!